Daniela Damiano

Fantasie e riflessioni: noi esseri dell'universo

La vita, l'universo e la magia

*Molto presto nella vita, dovetti scegliere
tra l'onesta arroganza e l'ipocrita umiltà.
Io scelsi l'onesta arroganza e non ho mai
avuto il motivo di cambiare.*

Frank Lloyd Wright

Dedicato a chi usa ingegno e fantasia creativa

Prefazione

Cenni storici sul concetto di vita, teorie sull'universo, mie fantasie, mie osservazioni e riflessioni sulla natura dell'uomo e sulla magia.

Spero che tutto questo faccia riflettere anche voi: buona lettura!

Ogni giorno per me è magico, perché son viva.

Capitolo I

La vita

Non vive ei forse anche sotterra, quando gli sarà muta l'armonia del giorno, se può destarla con soavi cure nella mente de' suoi?

Ugo Foscolo

La **vita** è la misteriosa scintilla divina dell'amore, energia pura realizzatrice e creatrice di "ciò che vive": ecco per me cos'è la vita.

Ogni organismo capace di "conservare" la propria "forma", attraverso generalmente la riproduzione di analoghi organismi della medesima forma e sostanza, è vivo.

Il definire la natura dell'entità chiamata vita è stato uno dei maggiori obiettivi della biologia.

La questione è che vita suggerisce qualcosa come una sostanza o forza, e per secoli filosofi e biologi hanno provato ad identificare questa sostanza o forza vitale senza alcun risultato. [...]

In realtà, il termine vita, è puramente la reificazione del processo vitale. Non esiste come realtà indipendente.

Ernst Mayr

La vita stessa è un processo di crescita, che comincia con la crescita del corpo e dei suoi organi, passa poi per lo sviluppo delle abilità motorie, l'acquisizione delle conoscenze, l'estensione dei rapporti e finisce nella somma di esperienze che chiamiamo saggezza.

Alexander Lowen, "Bioenergetica"

Nell'utilizzo del termine vita tuttavia, oltre al concetto biologico e scientifico, si cela la sua stessa filosofia.

Qualche cenno storico/filosofico

Ciò che è reale è vivente secondo le nostre percezioni. Questa mia riflessione richiama l'antico **ilozoismo**.

Anche Empedocle intendeva la vita come **"l'armonica unione dei quattro elementi (fuoco, aria, terra e acqua)"**, così, sulla stessa scia, Anassagora immaginava come se fossero **"semi"** tutti quegli elementi, che, uniti fra loro in maniera composita, generassero gli esseri viventi.

Abilità emozionali, intellettive e circostanziali rendono uniche le capacità di un individuo.

Ogni individuo ha capacità emozionali, intellettive e cognitive, uniche e proprie dell'essere umano. Il grado di apertura mentale e cognizione consapevole dipende dalla sua natura genetica, unica come lo è il DNA.

Nella struttura umana è custodita la coscienza consapevole dell'umana essenza, della sua **anima**.

Anche Platone iniziò a parlare di anima, quella che a me piace chiamare essenza, e, analogamente a quanto anch'io penso, credeva anch'egli (cfr.: *Timeo*) che **il mondo fosse un organismo vivente**.

Aristotele in De anima, racconta che l'anima è la "causa e principio del corpo

vivente". L'anima la suddivide in tre classi: **anima vegetativa, sensitiva e intellettiva.** E quest'ultima è, secondo il filosofo, esclusiva degli esseri umani.

Non voglio disquisire sul grande maestro Aristotele, voglio solo dar voce a ciò che per me è giusto che tutti apprendano, per pensare e riuscire ad essere in armonia con la propria essenza, la propria anima.

Si continua ad ampliare e ad approfondire il concetto di anima con il **neoplatonismo**: essa è **psiche cosmica.**

Nel medioevo il pensiero cristiano sulla vita è associato a Dio e al suo buon volere ed inoltre all'immortalità dell'anima anche attraverso la figura di Gesù Cristo assicura la resurrezione dopo la morte a chi seguirà il suo verbo.

E qui che **l'anima è per tutti immortale** e **la nostra essenza diventa essenza del divino.**

Ognuno di noi ha un percorso da seguire per essere.

Tra il 1600 ed il 1800 si inizia a cercare di comprendere **quali siano le caratteristiche dei viventi.**

Il vero elemento comune delle cose che definiamo vive non è una loro proprietà intrinseca, ma la nostra percezione di esse.

Ferris Jabr

Nel 1990 Gerald Joyce dello Scripps Research Institute ha partecipato al programma di esobiologia della NASA. Per trovare la vita su altri mondi, si rende necessaria una sua definizione. Eccola di seguito:

la vita è "un sistema in grado di auto-sostentarsi capace di evoluzione darwiniana".

L'"ipotesi del mondo a RNA" diventa una delle teorie valide per fornire una spiegazione sull'origine della storia della vita e alla sua relativa, tanto ricercata e anelata, definizione.

Le mie domande e ipotesi di possibili risposte

La vita, la sua definizione, il suo concetto ancestrale, filosofico e metafisico nonché fisico e biologico, ci riporta a noi stessi, a noi esseri umani e al nostro pensiero cosciente.

Cosa vuol dire essere vivi?

Per gli esseri umani è sufficiente vivere biologicamente senza provare alcun sentimento o emozione felice?

Siamo solo fatti di materia e impulsi di energia? E la mente, il nostro pensiero?

E cos'è la nostra volontà nel comprendere perché siamo e perché viviamo? Ma siamo certi che siamo davvero vivi? Cos'è ciò che vediamo? Perché il mondo ci appare così come lo vediamo? E perché siamo in grado di vedere spesso tutti le stesse cose? E' tutto solo frutto della nostra mente, della nostra essenza cosciente e cognitiva?

Credo che a quest'ultima domanda occorra necessariamente rispondere sì.

Parrebbe che non esista la realtà oggettiva, ma solo menti individuali.

Tutto sarebbe soggettivo, dalla percezione del tempo, a quella delle cose che ci circondano (Paradigma olografico[1]).

---

[1] David Bohm (Wilkes-Barre, 20 dicembre 1917 – Londra, 27 ottobre 1992) fisico e filosofo statunitense e autore di Universo, mente e materia. In collaborazione con Karl Pribram, Bohm contribuì a elaborare il modello

olonomico di Pribram o Modello olonomico del cervello, secondo il quale il cervello opera in modo simile a un ologramma, in conformità ai principi della matematica quantica e alle caratteristiche dei modelli delle onde d'interferenza (Wikipedia: https://it.wikipedia.org).

Noi siamo i nostri ricordi. E parrebbe che il concetto di vita sia solo una nostra idea che tuttavia si rivela reale nella nostra realtà fisica.

In biologia la vita è la condizione propria della materia vivente, distinta dalla materia inanimata. La biologia tuttavia non studia né si interessa alla cosiddetta **"forza vitale"**[2] , quella sorta di scintilla

---

[2] Vitalismo: Indirizzo filosofico e scientifico, comune a molteplici teorie (disomogenee per altri aspetti), che, soprattutto a partire dal Settecento, in polemica col meccanicismo e con varie forme di pensiero scientifico di carattere determinista e positivista, postula la peculiarità dei fenomeni vitali e l'irriducibilità degli organismi viventi, anche dei più semplici, ai componenti elementari che obbediscono esclusivamente a leggi fisiche e chimiche, con il ricorso, talvolta, a un principio teleologico (principio vitale, e comunque agente non meccanico) per spiegare le proprietà strutturali e

animistica che genera la vita. Il soffio divino, la scintilla che accende il battito del cuore, è stato a lungo dibattuto in termini filosofici.

Ciò che è inanimato possiede una diversa organizzazione del codice che gli consente la sua esistenza.

L'esistenza allora non è la vita!

Esistono le pietre ed i materiali rocciosi, posso vederli e toccarli, ma non sono vivi nel senso biologico del termine. Tuttavia esistono e possiedono una loro energia, come tutto ciò che esiste attorno a noi. **Credo che la differenza sostanziale è che noi siamo consapevoli e coscienti del fatto di essere vivi.**

---

funzionali degli organismi stessi (Treccani — Vocabolario).

Non credo che porsi al di sopra degli altri esseri esistenti, sia un atto, anche spirituale, degno di grande valenza naturale.

Tutto dipende dalle condizioni e caratteristiche in cui si presenta la materia vivente da quella inanimata; tant'è che la morte differisce dalla vita, perché son mutate le condizioni che generano l'energia stessa che genera la prima.

Ciò che è vivo ha una costituzione ordinata[3].

Essere coscienti di esistere è vivere.

Io sono quel che penso di essere; il mio pensiero influenza la mia esistenza.

Le mie emozioni non sono generate dal pensiero, ma dall'istinto della mia stessa esistenza.

---

[3] Il DNA (acido desossiribonucleico o deossiribonucleico) contiene le informazioni genetiche necessarie.

Brevi considerazioni sull'apparente paradosso in cui si è imbattuto il fisico Schrödinger[4]

Per il secondo principio della termodinamica l'**entropia** è rappresentata in matematica da una funzione non decrescente nel tempo in un sistema isolato.

Ciò, detto in parole semplici, può esser espresso dal fatto che, perché l'energia si trasformi, occorre che molta di essa venga dissipata ovvero aumenta l'entropia,

---

[4] Erwin Schrödinger (Vienna, 12 ago 1887 – 4 gen 1961) fisico e matematico austriaco, premio Nobel per la fisica nel 1933; noto per il paradosso del gatto nonché importanti contributi in fisica quantistica (cfr.: Wikipedia).

energia che non può essere più recuperata.

Ma anche per gli esseri viventi funziona così? Sembrerebbe proprio di no!

Gli esseri viventi sono tali perché sono in uno stato ad alta energia. E perché non aumenti la propria entropia interna, si nutrono dell'entropia generata dall'esterno (entropia negativa), che aumenta, lasciando così inalterato quella sorta di "disequilibrio stazionario"[5] finché non cessa questa stessa condizione (ovvero sopraggiunge la morte).

---

[5] Metabolismo e omeostasi.

Il concetto è stato esteso, nell'ambito della cibernetica, a sistemi di qualunque natura che siano in grado di autoregolarsi (omeostati) – Vocabolario Treccani.

Riflessioni e fantasie

Io anticipo il tempo,

ma tu non lo vedi.

Un giorno, forse,

i tuoi occhi si apriranno...

e la tua mente comprenderà

di essere soltanto

una semplice scimmia.

La vita è energia.

Ma cos'è la vita senza la morte? Non è concepibile separare i due concetti? Io al riguardo ho una mia ipotesi.

Se la vita fosse semplicemente esistere (quindi essere percepito come essere vivente), allora tutto ciò che vediamo sarebbe vivo.

Occorrerebbe solo guardare con un'altra prospettiva tutto ciò che ci circonda ed il mondo tutto si riempirebbe di vita.

Io credo che il concentrare spasmodicamente ed incentrare tutto su noi esseri viventi superiori, ovverosia noi umani, gli abitanti del pianeta Terra, porta alla nostra consueta organizzazione della cosiddetta "società".

Ma ciò non basta per evolversi e per comprendere davvero perché siamo vivi e quale sia il nostro compito in questo immenso sistema che è l'universo vibrante e sempre movimento in cui ci troviamo.

Un universo, diverso da quello esistente, non sosterrebbe tuttavia la nostra vita[6].

---

[6] Principio antropico, termine coniato nel 1973 da Brandon Carter (1942), fisico australiano. Questo principio afferma che tutto ciò sottoposto alla nostra soggettiva osservazione e ciò implica che l'universo si sia creato per puro caso (creazione probabilistica) oppure ne esistono tanti e tutti con proprietà variabili (Multiverso).

Capitolo II

La favola della consapevolezza e l'inizio dell'oblio della coscienza

Tanto tempo fa in una grotta semioscura, c'era una bambina. Ella non sapeva di esistere e non sapeva chi fosse fintantoché non le balzò un'idea, un pensiero, mentre una scintilla di luce entrava nella caverna.

Quella luce, chiara e splendente, fatta di particelle scintillanti e vibranti, bianche ed accecanti per la piccola bambina, le donarono il primo suo pensiero e la prima sua deduzione.

Si accorse, per la prima volta, di aver la sensazione di comprendere e di vedere con gli occhi della sua mente, ormai consapevole.

Cosa c'è attorno a me? Si chiese e vide. Vide alberi verdi e fili d'erba, fiori di luce colorata e larghe distese di campi, un ruscello che volgeva le sue acque nel fiume ed in lontananza un vasto mare azzurro.

Animali, uccelli, insetti e rettili insieme a lei, ma fuori la caverna. Decise di uscire ed ad un tratto le parve di essere piccola innanzi a tutto ciò. Apprendeva nella sua coscienza, nella sua essenza, nella sua anima, che ella stessa era ed esisteva.

Iniziò col tempo, poiché si concentrava nel fare, nel conoscere e pensare, relazionandosi con gli esseri attorno a lei, a dimenticare quella sensazione di consapevolezza, di pensiero cosciente e puro, come era stato invece al suo risveglio.

Ella agiva, correva, esplorava, camminava, nuotava, mangiava le erbe ed i frutti, che raccoglieva, i cui profumi le garantivano la fragranza e la bontà per generare le sue energie, che, dissipandosi, dovevano nutrirsi delle energie di ciò che mangiava.

Ad un tratto si accorse di non esser sola ma c'erano altri esseri come lei.

Nei secoli l'eccessiva proliferazione di quel popolo diede inizio alla ricerca di cibo, riparo e sopratutto di potere, quel potere prevaricante e distruttore per sopravvivere e dominare.

Da lì iniziò il declino dell'inizio dell'umanità, da lì nacque l'oblio della coscienza, da lì nacque l' aridità dell'animo umano.

Il miracolo scaturisce dal sentimento, e finisce nel sentimento. Il modo stesso in cui è narrato rivela questa sua origine. La narrazione che gli si conviene è soltanto la narrazione sentimentale.

Ludwig Feuerbach

Cosa ci porta a dimenticare di noi stessi e perché ci è tanto utile stare con gli altri esseri umani?

Oltre alla riproduzione e alla gregarietà naturale di talune specie viventi, tra cui anche noi esseri umani, io credo che la stretta vicinanza di persone (o specie dello stesso genere) implichi una sorta di lotta per predominare ed il solo motivo di questo comportamento è attuare ciò per cui siamo stati codificati o semplicemente costituiti. Nel nostro DNA tutte le informazioni sono conservate per essere un organismo intelligente e consapevole. E tutto ha lo scopo di rigenerarsi, procreare e trasmettere ciò che abbiamo nel nostro singolo codice.

Dominare quindi è solo una enfatizzazione dell'istinto di

conservazione insito nella creature della natura.

L'ordine naturale delle cose, del cosmo, del nostro sistema solare, del nostro stesso organismo è dato da fattori che a noi resteranno comunque sconosciuti ma solo per il fatto che siamo abituati a stare e vivere in uno spazio a tre, anzi quattro dimensioni, se vi aggiungiamo il tempo.

Le dimensioni (**multiverso**) sono undici (sempre tenendo conto del tempo) e secondo la **Teoria delle stringhe** o anche la **Teoria delle bolle**, quest'ultima detta inflazione caotica, noi percepiamo e vediamo le cose (le forme e le sostanze) in maniera oggettiva soltanto perché siamo in questa nostra dimensione, che è lo spazio-tempo.

Tuttavia l'oggettività viene confutata nel momento in cui tutto ciò che percepiamo è soggettivo e generato dalla nostra coscienza.

La struttura geometrica, in cui siamo calati, ci impone una ristretta visione di ciò che ci circonda e noi, essendone parte, non possiamo restare in vita per capire e vedere e comprendere consapevolmente, attraverso anche la nostra fisicità, ciò che c'è al di là.

Morendo si avrebbero, per assurdo, più possibilità di comprendere. L'esigenza delle religioni nasce proprio da questo.

Tuttavia per me è stupido pensare che si possa restare consapevoli alla stessa maniera; e, solo se la medesima essenza (composizione ordinata di energie) si sviluppi in un organismo umano, questi potrebbe aver barlumi di luce e consapevolezza di esser "già stato" in questa stessa forma.

Forma e sostanza, razionalità ed emozioni, vita e morte ci accomunano tutti in questo genere vivente, che è l'uomo.

Nell'immensamente grande, così come nell'immensamente piccolo, tutto è simile e viene regolato dalle forze a noi conosciute (forza gravitazionale, forza elettromagnetica, forza nucleare forte e forza nucleare debole).

Anche noi siamo governati da queste stesse forze ed energie naturali.

La mia energia resta e resterà, perché semplicemente esiste.

Il mondo non ci è dato attraverso il pensiero, il pensiero, almeno, metafisico e iperfisico che astrae dal mondo reale e ripone in questa astrazione la sua vera, suprema essenza; ci è dato attraverso la vita, l'intuizione, i sensi.

Ludwig Feuerbach

Nasce il concetto di etica, bene e male, positivo e negativo. Ma in riferimento a chi o a che cosa? Ecco quello che non dovremmo mai dimenticare; ecco perché poi diventa tutto opinabile e soggettivo. **Non ha mai senso definire una differenza, se non si specifica rispetto a cosa.**

Il nostro modo di ragionare non può non essere che soggettivo e specifico per noi in funzione di come percepiamo l'esterno di noi stessi.

Io sono energia, io sono vita, io esisto, io sono, ho una mia identità, me la sto costruendo!

Io nasco e sono e la mia consapevolezza e coscienza, o meglio, il mio risveglio è di quando ero piccolissima. Non potevo camminare ma fui consapevole di esistere.

Strano il primo ricordo in noi esseri umani, strano che si dimentichi quasi tutto dell'infanzia.

Il mio organismo ha sempre saputo e sa cosa mi accade, mi è accaduto e mi accadrà e questo è nel mio DNA. Non opprimere i sogni, le aspirazioni ed i desideri, vivere in piena sintonia con se stessi, porta vittoria, salute e gioia.

Amo essere me, amo la mia vita e, cosa più importante, amo la mia essenza. Senza la mia coscienza emozionale, emotiva, cognitiva, spirituale ed intellettuale, non sarei io. Nessuno sarebbe più se stesso.

Io vivo, sono ed esisto; scelgo cosa e chi essere per gli altri, in funzione di ciò che voglio apparire o voglio essere per esistere secondo le mie inclinazioni, le mie paure e limiti, le mie sensazioni ed emozioni, per essere me e con gli altri con la mia coscienza e affine essenza dell'essere, che in me risiede, perché son viva.

In letteratura ed anche in filosofia, l'esistenza è associata alle emozioni, alle passioni, all'essere umano.

Per ognuno di noi vivere è diverso e per ognuno di noi essere in vita dona sfaccettature diverse alla stessa esistenza.

Chi siamo noi, essendo certi dei nostri ricordi, della nostra stessa struttura organica, univocamente definita e singolare, per screditare ciò che la nostra essenza vuole?

Vivere in libertà secondo le proprie inclinazioni e volontà porta alla consapevolezza di voler essere ciò che siamo a dispetto delle costrizioni imposte dal pensiero oggettivo comune altrui.

Io sono, esisto e decido.

Nessuno deve né può dominare il mio essere me. Nessuno può minare la mia esistenza perché io sono.

Io scelgo cosa fare e devo essere libera di farlo [7].

In ogni cosa che penso, in ogni cosa che odo e vedo c'è parte di me che elabora i

---

[7] Oltre al libero arbitrio, voglio citare la teoria del Punto Omega di Frank Jennings Tipler (Andalusia, 1° febbraio 1947) fisico statunitense, insegnante di fisica matematica alla Tulane University di New Orleans, studioso del viaggio nel tempo e autore di *Fisica dell'Immortalità*.

Esiste l' Universal Wave Function, una funzione d'onda, presente ovunque, che si relaziona (colloquia) costantemente col livello atomico dell'universo; è una funzione quantica che, mantenendo il libero arbitrio degli esseri viventi, interagisce a livello atomico "sospingendo" l'universo verso l'Omega Point. Quest'ultimo termine è da attribuirsi allo scienziato gesuita francese Pierre Teilhard de Chardin. E' il massimo livello di complessità e di coscienza verso cui l'universo tende nella sua evoluzione e rappresenterebbe il punto di arrivo del processo evolutivo.

dati esterni e parte di me che crede di star comprendendo consapevolmente ciò che vedo e mi circonda. Tuttavia al di là di ciò che vedo, odo, assaporo e tocco, c'è altro; c'è la consapevolezza che ciò, che non vedo e non percepisco con i miei cinque sensi umani, esiste e, quasi certamente, la mia visione immaginaria di ciò che non percepisco può esser reale nella mia **realtà olografica** e quindi potrebbe esserlo anche per chi, come me, è dotato di DNA umano.

La scienza non esclude gli errori; anzi, talora sono proprio questi a portare alla verità.

Jules Verne

Concepisco il mondo, la terra su cui viviamo, come un grande organismo e non sento distinzione fra me e la natura: io sono parte di essa ed essa è in me, perché esisto.

Io amo la terra, amo il Sole e la Luna, amo le stelle ed i corpi celesti, il mare, i fiumi ed i ruscelli, le montagne, le valli, le piante, gli animali, gli insetti e tutto ciò che è visibile ed invisibile ad i miei occhi. Io provo tuttavia estremo disagio a contatto con gli altri individui come me. Al mondo d'oggi, il XXI secolo d. C., gli esseri umani sono troppo presi e sottomessi alle loro stesse regole e imposizioni comportamentali, a discapito di una semplice e felice convivenza con le altre creature della Terra e la Terra stessa.

Troppo consumismo, globalizzazione, guerre, potere economico, nazioni e stati, potere e guerra, come sempre, per aggiudicarsi casa, riparo e cibo. La vanità, infine, concorre come ciliegina sulla torta.

Teorie di cospirazione, infide battaglie politiche sono all'ordine del giorno, tecnologie avanzate e satelliti nello spazio, mentre c'è chi ancora non ha casa e non ha cibo.

Stupido clichè estetico e d'appartenenza. Il lupo che alberga in noi resta gregario!

Tutto è diventato gregge e l'umana specie volge all'estinzione.

Rabbia, rancore ed affanno restano alla sconsolata razza del pianeta Terra.

Capitolo III

Il nuovo mondo

*L'universo (e di conseguenza i parametri
fondamentali che lo caratterizzano)
dev'essere tale da permettere la creazione
di osservatori all'interno di esso a un dato
stadio [della sua esistenza].*

Brandon Carter

Io son viva e morirò. In questo modo smetterò di nutrirmi di entropia negativa e magari forse sarò polvere di una stella piccola e bianca che illuminerà l'universo di una luce indaco che volge in un rosa pastello e poi in verde acqua e azzurro, dove le accese sfumature aggressive, come il rosso, il giallo e l'arancione, dipingono l'orizzonte al suo tramonto.

Lì tutto è etereo, lì la luce dolce non acceca e rende sapienti.

L'energia su quella stella è di pace e di rigenerazione naturale.

Ci son poi le piante, il fuoco, l'aria e l'acqua, ma tutto resta soave sul pianeta accanto alla stella; e quel pianeta non è la Terra!

Si chiama Sirio ma non è la stella a noi conosciuta. E' la fonte dell'energia dell'umana scienza e dell'umano destino: è il proseguimento della nostra essenza.

Emozioni, fantasie e creatività

sono il sentire dell'anima

nell'umana stirpe.

Lì la vita sarà diversa da come è sulla Terra.

Lì nuvole bianche, rosa e nebbia color lillà e celeste, riempiono l'aria. Grigie son le pietre e grigi sono i tronchi degli alberi. Arancioni sono le sue foglie e verdi i suoi frutti.

L'acqua è rossa ed il mare è verde antico.

L'erba è azzurra ed i fiori ed i frutti colorati di ogni colore dello spettro della luce.

Il terreno è argentato, sabbia sottile e fine in alcuni luoghi; in altri terra marrone piena di vivida energia curativa e, in altri punti, nera, che assorbe ogni energia contrapposta al suo rendimento di nuova energia del fuoco nero.

Nelle terre o laghi di fuoco nero, tutto entra ed in un altro lago esce (ma quest'ultimo è di colore bianco, morbido come ovatta e leggero come una nuvola).

La materia di fuoco nera agisce in equilibrio cosmico generatore della vita sul quel pianeta.

In another world, maybe, it's be true

I fly with my dream to be in a new world.

I fly playing with the planets in the light and in the darkness, in the Autumn and in the Winter, in the Spring and in the Summer: in my dream, in my mind, the new world is true!

E la luna? Be' c'è, ma ce ne sono tre.

Tre lune ha quel pianeta e una fitta scure di asteroidi posti a formare uno scudo dalle energie rosse dello spazio, retaggio spaziale delle energie di una gigante rossa.

Accanto a questo sistema solare, dove io sono polvere della sua stella, c'è infatti una gigante rossa attorno alla quale ruotano con a volte ballerini moti armonici altri pianeti. Mi pare che ne siano 7 ed ognuno di essi richiama l'antico potere del fuoco e dell'aria.

Le lune sono oceani galleggianti e tonde sfere di luce chiara. Anche lì c'è vita, ma non certo quella che possiamo immaginare noi.

In questo nuovo mondo tutto è in movimento ma in costante armonia.

Non ci sono guerre, non c'è ambizione, non c'è speranza né paura: c'è solo amore!

L'immenso amore regna in questo piccolo pianeta e il suo universo lo contiene, come in una culla di meraviglia di luce colorata.

Dato che il DNA contiene informazione immagazzinata sottoforma di geni, forse possiamo considerare la biologia come una forma di calcolo e definire la vita da un punto di vista matematico.... E' plausibile che la definizione della vita stia nel modo in cui le cellule elaborano il contenuto di informazione delle molecole. Certamente in un pezzo di roccia non esiste alcuna forma di elaborazione dell'informazione.... Sappiamo con certezza che siamo fatti di polvere di stelle, ma il passaggio della polvere alla vita resta un mistero[8].

Stuart Clark

---

[8] Tratto da "Le grandi domande Universo" di Stuart Clark, autore inglese, giornalista e astronomo.

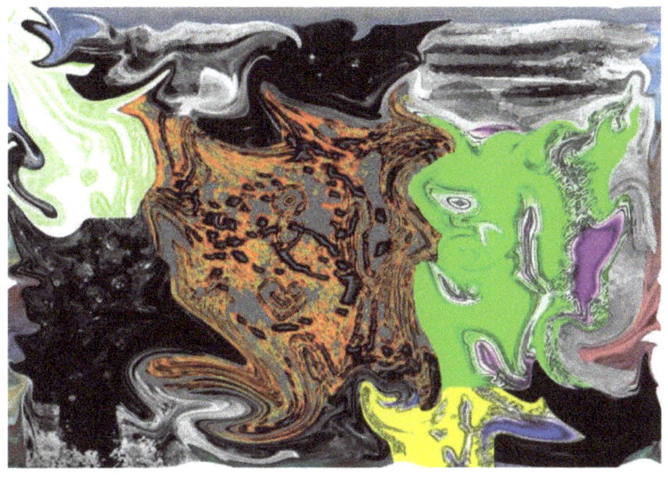

Se prendo la morte nella mia vita, la riconosco, e l'affronto a viso aperto, mi libererò dall'angoscia della morte e dalla meschinità della vita - e solo allora sarò libero di diventare me stesso.

Martin Heidegge

Che cos'è la morte? Il mio nuovo mondo potrà esser reale? Io, polvere di una piccola stella, avrò la consapevolezza di esserlo?

Platone credeva che **la morte sopraggiungesse quando l'anima (immortale essenza) si separasse dal corpo fisico.** E ciò corrispondeva all'inizio di una nuova vita per la medesima essenza individuale.

L'Opinione che l'Anima continua ad esistere dopo la morte del corpo prima d'essere un argomento di seria e scientifica discussione a disamina; era già diffusa e ritenuta siccome articolo di fede. Ora una siffatta credenza è per lo meno tanta strana quanto lo è l'abitudine di chiamare Dea, o cosa divina una bella donna o il parlar dell' immortalità delle leste coronate. Allorché 1' Uomo con una

inqualificabile leggerezza e presunzione si
inette a sentenziare sull' ignoto e dove
non giunge la potenza del suo intelletto e
del suo scibile, egli di necessità e costretto
a dar nei sofismi.

Di conseguenza voi udirete in cento guise
le più fantastiche stravaganze allorché si
pretende darvi, dei saggi, sull'altra vita e
sulla individuale Immortalità.

Ora eccovi amici miei, una idea che mi
par giusta per tutti i versi.

Sarà di noi dopo la nostra morte lo stesso
che già è stato prima della nostra nascita.

Ludwig Andreas Feuerbach

La teoria del punto Omega[9]

La teoria della resurrezione che affronterò ci richiede l'accettazione del fatto che noi essere umani siamo oggetti puramente fisici, una complessa macchina biochimica esaustivamente e completamente descritta dalle conosciute leggi della fisica. Non ci sono misteriose forze vitali. Più in generale, essa richiede di riferirci alle "persone" quali particolari (molto complicati) tipi di programma da computer: l'anima umana non è null'altro che uno specifico programma che gira in un computer chiamato cervello.

Frank Tipler

---

[9] Prevede l'esistenza di un Oltreuomo e la resurrezione dei morti attraverso un computer immensamente potente.

Capitolo IV

La magia e l'universo

Operare magia vuol dire generare un cambiamento attraverso l'uso di energie naturali; spesso si parla di spostamento di energie capaci di generare il cambiamento desiderato.

Io sono un essere magico in quanto vivo. Io sono l'espressione vivente dell'universo che mi contiene; io sono un aggregato di punti che appartengono all'universo stesso. Io sono energia contaminata dalle fattezze terrestri. Io sono espressione suprema della Terra insieme alle sue creature. Io sono adesso e scrivo. Io sono adesso consapevole che ciò che vedo, ciò che percepisco non è tutto. Io sono essenza di luce ed ombra, io sono la luce ed il buio. Io sono un essere umano e, come la Terra e la Luna, compiendo la loro rotazione e rivoluzione, restano in assenza di luce solare, così io sono! Luce e buio, giorno e notte.

Nel nostro mondo tutto è bipolare, anche la razza umana è suddivisa in maschi e femmine. C'è il bene ed il male, la speranza e la felicità, l'amore e l'odio ecc. e tutto ciò è soggettivo. **L'oggettività è solo scaturita da un accordo: un accordo tra menti soggettive, che condividono quella medesima visione dell'esteriorità, che diventa in conseguenza visione comune e oggettiva.** Questa è la realtà!

Io sono in questa realtà perché gli altri mi percepiscono! Questo è vero ed è l'unica verità in un mare di soggettività emozionali ed esistenziali. Inoltre io esisto ora ed in questo istante perché percepisco me stesso come vivo ed interagente con le mie energie interne ed esterne a me.

Riesco, infatti, ad astrarmi al di sopra del mio genere (femminile) della specie umana. E scevra da un'identità sessuale o polare, **elevo la mia energia mentale conscia e consapevole e ragiono, elaboro, semplicemente penso.**

Con il mio pensiero creo immagini e collegamenti tra ricordi vissuti ed elaboro nuove forme di sopravvivenza per il mio stesso essere essenza viva.

Ecco la vita cos'è per me!

La mia vita è dunque la mia magia, quella trasformazione e spostamento di energie atte a manifestare me stessa in qualità di essere vivente.

Io sono, io esisto, io posso. Io posso generare i cambiamenti necessari al mio

bisogno. Io dunque posso operare magia naturale. **La magia è nella mia natura come è nella natura di tutti coloro che hanno la consapevolezza di essere ed esistere, perché ciò che noi individuiamo (nella nostra coscienza e quindi nella realtà) essere gli altri, in realtà non sono altro che proiezioni di noi stessi in altra forma e sostanza e pertanto considerati altri individui (viventi o non, esseri animati o inanimati ed inorganici).** Questa descrizione cognitiva vale per ogni cosa che percepiamo diversa da noi e cioè "tutto il resto".

Non c'è nulla che spaventi di più l'uomo che prendere coscienza dell'immensità di cosa è capace di fare e diventare.

Søren Aabye Kierkegaard

Resto basita dall'atteggiamento aggressivo delle persone insoddisfatte e succubi del sistema. Io credo che la libertà risieda nelle "espressioni" della vita che possono essere accompagnate da piacevole sincronia di energie tra noi stessi e ciò che ci circonda.

Se penso positivo, se dono allegria anziché tristezza o angoscia, impiego le mie energie in maniera tale da suscitare ulteriore energia attorno a me che mi occorre per stare bene.

Più energia necessita al mio essere me, più mi nutro dell'entropia esterna a me, lasciando che il mio disequilibrio interno mi consenta ancora di vivere.

Ecco dunque spiegata la continua ricerca di se stessi e la continua ricerca di nuovi stimoli e situazioni esistenziali, esistenti al solo scopo di sopravvivere.

Molto ho ancora da imparare per essere, molto ancora da sperimentare a livello umano per aprire la mia anima al mondo!

Nel mondo nulla di grande è stato fatto senza passione.

Georg Wilhelm Friedrich Hegel

Per **universo in matematica** si intende l'insieme contenente tutti gli insiemi esistenti e tutti gli elementi, compresi se stesso ed il vuoto.

E per me così è.

Per universo posso intendere tutto ciò che è ed esiste, anche se non posso avere la conoscenza del tutto, ma della sua percezione sì.

Cos'è l'Universo?

L'universo era pensato dai nostri antenati come l'unione della Terra (piatta) e della Sfera celeste.

Si deve a Galileo Galilei l'avvenuta ampiezza di vedute da parte dell'umanità. Galileo, anche grazie al quale la teoria eliocentrica di Niccolò Copernico[10] ebbe

---

[10] Niccolò Copernico (Toruń, 19 febbraio 1473 – Frombork, 24 maggio 1543), astronomo polacco noto per la sua teoria eliocentrica.

la sua completa affermazione[11], nel 1609 diede il via all'osservazione dell'universo attorno a noi attraverso l'uso astronomico delle lenti olandesi (1607), inventando il telescopio. Egli vide il nostro satellite, la meravigliosa Luna, attraverso il suo telescopio e a partir da quel momento l'umanità ha aperto i suoi occhi scoprendo nuovi mondi e nuove galassie, infinità di stelle e di pianeti, Soli giganti e piccole stelle, asteroidi, costellazioni,

---

[11] La teoria copernicana ha lanciato il seme per scienziati quali Giovanni Keplero (Weil der Stadt, 27 dicembre 1571 – Ratisbona, 15 novembre 1630) e Renato Cartesio – Descartes (31 marzo 1596 – Stoccolma, 11 febbraio 1650), Sir Isaac Newton (Woolsthorpe-by-Colsterworth, 25 dicembre 1642 – Londra, 20 marzo 1727) ed altri mentori della sapienza e umana scienza.

buchi neri e ammassi di galassie, tutto in espansione ed in movimento.

L'universo quello astronomico parrebbe sia nato da una fortissima esplosione di materia probabilmente molto densa, il cosiddetto *big bang*[12].

Questo caldissimo ammasso di "polvere di stelle" si espanse e poi pian piano si

---

[12] Sir Fred Hoyle (Bingley, 24 giugno 1915 – Bournemouth, 20 agosto 2001), matematico, fisico e astronomo britannico, sostenitore della teoria cosmologica dello stato stazionario e della teoria chiamata Panspermia. Hoyle fu un autore di fantascienza e conduttore di programmi di divulgazione scientifica di successo. A lui si deve il nome *big bang* per contraddire in qualche modo la stessa teoria, che oggi la identifica come la più probabile teoria della nascita dell'universo. Secondo Hoyle l'universo esiste da sempre ed è sempre esistito, tuttavia la sua teoria dell'immobilismo cosmico fu messa da parte, poiché gli scienziati *Penzias e Wilson*, premi Nobel per la Fisica nel 1978, "catturarono" la radiazione cosmica di fondo prevista dalla teoria del big bang, ovverosia il residuo di energia prodotto dalla probabile esplosione dove tutto ebbe inizio. (cfr. https://it.wikipedia.org)

raffreddò. Ed ecco che l'energia si trasformò in materia; l'idrogeno e l'elio fecero la loro prima comparsa in questo nuovo universo. Si formarono così le proto-galassie e a distanza di miliardi di anni le galassie, anche quella in cui viviamo.

Parrebbe che l'universo, in cui siam calati, abbia circa $13 \div 14$ miliardi di anni.

Satelliti artificiali lanciati nello spazio, come l'HST-Hubble Space Telescope o COBE-Cosmic Background Explorer ed anche Landsat, QuickBird, Envisat, IKONOS o RapidEye ed altri come il GPS e METEOSAT per usi terresti meteorologici, scientifici, per la navigazione, militari ed astronomici, per le telecomunicazioni nonché stazioni orbitanti, come la Stazione Spaziale Internazionale, Skylab e la Mir, lanciate anch'esse dall'uomo nello spazio, hanno cambiato il nostro modo di vedere e di concepire l'universo.

La forza creatrice della natura vince l'istinto distruttore dell'uomo.

Jules Verne

r   *d* .

,   .

M   .   .

r   *r* .

Sono state rilevate fluttuazioni primordiali di energia cosmica (anche attraverso l'esperimento *boomerang* - balloon observation of millimetric extragalactic radiation and geophysics, esperimento che ha avvalorato ancor di più l'ipotesi del *big bang*) e si è iniziato a comprendere di più della materia, delle forze ed energie che ci circondano e che costituiscono noi ed il nostro universo, scoprendo altresì la materia oscura[13], la

---

[13] La materia oscura, la materia non osservabile, rappresenterebbe il 90% della massa, di cui il nostro universo è costituito; l'energia oscura, circa il 68% della massa energia dell'universo, invece causerebbe proprio l'espansione dell'universo. Altro è l'antimateria, che è la materia costituita da antiparticelle, il cui "contatto" con le corrispettive particelle subatomiche dà luogo all'annichilazione ovverosia alla sua stessa distruzione. Da qui i ricercatori hanno dedotto che all'atto del big

grande "dominatrice" dell'universo intero.

Nasce pertanto il concetto matematico di *singolarità*, un punto di dimensione zero (che grazie alla Teoria della relatività di Albert Einstein, si trasforma in *singolarità*

---

bang la bariogenesi (che diede vita ai barioni, particelle elementari subatomiche costituite da tre quark, soggette alla forza nucleare forte) venne resa possibile da un'asimmetria tra materia ed antimateria, La materia supererebbe l'antimateria e la materia sarebbe suddivisa in quella per noi ordinaria e in quella che non riusciamo ad osservare, la materia oscura appunto. L'eventuale asimmetria esistente alla nascita dell'universo nel punto zero, al tempo zero è uno dei rompicapi della fisica moderna (teoria quantistica dei campi) e della statistica. L'universo parrebbe creatosi nel big bang e, anche se materia e antimateria si sono reciprocamente distrutte, hanno prodotto in qualche modo fotoni, così una piccola quantità di materia è rimasta.

gravitazionale) che nell'istante zero, ovvero al tempo zero, tutto ebbe inizio (*Epoca di Planck*)[14].

I vari esperimenti scientifici ed i dati raccolti dai satelliti e sonde spaziali ci aiutano a comprendere oggettivamente meglio (sempre da punto di vista umano, altresì soggettivo) ciò che ci circonda.

L'universo forse si espanderà, finché non inizierà a restringersi fino alla sua iniziale singolarità, oppure continuerà ad espandersi senza limite diventando probabilmente sempre più freddo e vuoto?

---

[14] e dunque tutto, anche lo spazio, ciò che è rappresentato in matematica da 3 dimensioni, il nostro spazio reale e fisico percepibile, avrebbe avuto origine nel *big bang*.

E la materia oscura dominerà la luce e la materia?

Esiste il ***multiverso***[15]? Il nostro universo è solo uno tra i tanti che potrebbero esistere?

Nuove teorie scientifiche nascono e si sviluppano; ma allora, se queste ultime teorie sono valide e vere, il nostro universo non sarebbe più l'universo, ossia il tutto, perché ce ne sarebbe uno più grande che lo conterrebbe?

---

[15] ipotesi scientifica di fisica moderna, che postula l'esistenza di universi coesistenti e alternativi al di fuori del nostro spaziotempo (dimensioni parallele); è la possibile conseguenza di alcune teorie scientifiche, specialmente la teoria delle stringhe e quella delle bolle ("inflazione caotica") – https://it.wikipedia.org.

Che confusione di parole e terminologie similari: resta di fatto che l'universo è da definirsi come il concetto matematico astratto, altrimenti tutto resta opinabile da nuove scoperte scientifiche.

L'universo, il tutto, non può esser compreso dall'umanità in ogni sua sfaccettatura ed elemento, perché resta e rimarrà un concetto astratto e veritiero ma non accondiscende a limiti di natura umana visibile, percepibile ed esperimentabile. L'universo, essendo il tutto, può solo contenerci!

Concordo con Iohannes Scotus Eriugena[16], che definì l'universo come il

---

[16] Teologo, monaco e filosofo medioevale Iohannes Scotus Eriugena (Irlanda, 810 circa – morto forse in Inghilterra dopo l'877), opera De divisione naturae.

tutto, indistintamente fra tutto ciò che è e tutto ciò che non è.

L'universo moderno è dunque lo scibile fisico che conosciamo dai quanti, fotoni, quark, leptoni e bosoni, alle galassie, stelle e buchi neri, dallo spaziotempo all'energia e alle forze ad oggi conosciute delle leggi fisiche.

Molte sono le leggende sull'origine dell'universo conosciuto.

Mi piace ricordare che i Sumeri, l'antico popolo, immaginavano che un mare primordiale avesse generato An e Ki ovvero la montagna cosmica che generò

Enlil, che a sua volta con Ki avrebbero dato vita al genere umano[17].

L'uomo potrebbe portare in collisione i pianeti, potrebbe creare i soli e le stelle, il suo calore e luce, potrebbe originare la vita in tutte le sue forme infinite. Generare, a suo piacimento, la nascita e la morte della materia sarebbe il più grande atto dell'uomo che gli darebbe il dominio della creazione fisica, rendendo possibile la realizzazione del suo fine ultimo.

Nikola Tesla

---

[17] An, il Cielo; Ki, la Terra; *Enlil, l'Aria: triade cosmica.*

Non sappiamo quale sarà il destino del nostro universo fisico, ma possiamo continuare a teorizzare per capire e per essere più coscientemente vivi nella realtà olografica che ci circonda e ci rende vivi come a noi pare di esserlo.

Mentre il bosone di Higgs spiega la massa delle particelle fondamentali, chiarendo come possano esistere tutti gli oggetti complessi, compreso l'uomo,

la maggior parte della nostra massa deriva dall'energia dell'interazione forte, necessaria per tenere insieme le particelle'.

Rolf Heuer – D.G. del Cern

L'interazione forte è ciò che tiene uniti i protoni agli elettroni all'interno del nucleo di tutte le cose. Essa è una delle quattro forze fondamentali della natura (la forza di gravità, elettromagnetica, nucleare debole e nucleare forte).

La materia sembra costituita da sei leptoni e sei quark. Protoni e neutroni sono infatti composti da quark e gli elettroni da leptoni, che a loro volta sono fermioni.

L'interazione fra queste particelle è data da bosoni detti di gauge.

La massa è data invece dal bosone di Higgs, la famosa particella di Dio, che donerebbe la "sostanza" a tutte le cose. La massa è la caratteristica fondamentale di tutto ciò che esiste.

Se non avessimo massa – se non ci fossero gli atomi, cioè i protoni, i neutroni, gli elettroni di cui noi stessi siamo costituiti – saremmo solo particelle che schizzano nel vuoto alla velocità della luce. Saremmo videogiochi, non realtà consistenti.

Cfr: doc. faq. Relative al bosone di Higgs dell' Istituto Nazionale di Fisica Nucleare (INFN)

Sono almeno tre le interazioni fra particelle: elettrodebole, la forza nucleare forte e la gravità.

Lo spazio non ha confini – questo è empiricamente più sicuro di qualsiasi osservazione esterna. Tuttavia, ciò non significa che lo spazio sia infinito.

Georg Friedrich Bernhard Riemann

Gli eventi che percepiamo, invece, sono già scritti e non c'è un prima e un dopo.

Il tempo a livello fisico viene percepito perché varia la dimensione dal punto di vista quantistico. E ciò che vediamo è solo quanto il nostro cervello rileva.

...

Noi non percepiamo tutto, ma c'è un ordine nascosto in tutte le cose ed ogni particella appartiene ad un ordine al di fuori del tempo e dello spazio

...appartenenti a questo qualcosa di universale, che va al di là del tempo e dello spazio.

In realtà ciò che percepiamo sono immagini

e la nostra realtà fisica è costituita da esse.

In conseguenza l'universo stesso ci apparirebbe come una sorta di ologramma in movimento

...

Tutto sarebbe soggettivo

...

cfr.: "Pensiero e magia"

Scienza e progresso, evoluzione e innovazioni saranno la chiave per comprendere ciò che ancora si cela all'umana razza.

La fisica moderna, basata sul modello standard, continua la sua evoluzione.

Nuovi esperimenti rivelano nuove particelle o nuovi comportamenti delle stesse che risultano essere non più conformi al modello standard.

Alcuni tipi di mesoni si trasformerebbero (decadimento) in leptoni specifici anziché in muoni[18].

Tutto cambia se cambiano le condizioni e le informazioni che si hanno: il pensiero

---

[18] Fonte ANSA: dati della rivista Physical Review Letters_ articolo "Cern, strani segnali da un esperimento. Rilevate anomalie che potrebbero rivoluzionare la fisica", data 8 sett 2015.

si modifica con l'acquisizione di conoscenza.

Il mondo è ciò che ci è dato conoscere fino a questo momento.

*Il **pentaquark** osservato non è soltanto una nuova particella ma anche un nuovo modo in cui i quark, che rappresentano i costituenti fondamentali di neutroni e protoni, possono combinarsi tra loro, in uno schema mai osservato prima in oltre cinquant'anni di ricerche sperimentali.*

Alessandro Cardini, Responsabile dell'esperimento LHCb per l'Istituto Nazionale di Fisica Nucleare INFN[19],

13 luglio 2015

---

[19] Cfr.: http://www.focus.it/scienza/scienze/pentaquark-osservati-da-uno-degli-esperimenti-di-lhc

Capitolo V

L'individualità magica

La vita senza magia è un mondo senza colori!

Sonetto XCI, William Shakespeare

C'è chi vanta antenati, chi talenti,

chi patrimoni e chi possa di mani,

chi – vesanìa vanesia – vestimenti,

chi cavalli, chi poi falconi e cani.

Ogni tempra coltiva i suoi diletti

e ne procura gioie superiori;

io nei parziali trovo gli imperfetti,

se nell'ottimo inuno i miei migliori:

il tuo amore val meglio d'un blasone,

più ricco e fiero che monete e manti,

più grato di cavallo e di falcone –

accanto a te, conviene che mi vanti,

risicando però che tu mi tolga

quel che mi dai, e male me ne incolga.

William Shakespeare

Per **individualità magica** intendo quella capacità di consapevolizzare coscientemente l'energia personale, insita in se stesso, perché queste stesse energie (fisiche, spirituali, mentali ed emozionali) siano incanalate ed utilizzate per il conseguimento di uno scopo, che si auspica a noi favorevole, atto a rendere consapevole ed attivo il pensiero, la volontà e la coscienza emozionale nelle azioni concrete quotidiane e nelle azioni rituali, che compiamo, anche involontariamente, tutti i giorni.

Acquisire consapevolezza di se stessi ed imparare ad usare al meglio le proprie energie fisiche, emozionali ed emotive nonché intellettuali, porta ad uno stato più profondo di coscienza spirituale personale.

Molto utile è la meditazione, l'introspezione e la presa coscienza di essere se stessi senza paure o remore di qualche tipo.

Avvicinarsi alla consapevolezza di se stessi in maniera naturale, avvicinandoci ai cicli della Natura ed osservando e percependo i suoi segnali, è certamente una delle maniere più adatte per accettare e comprendere se stessi semplicemente per ciò che si è.

Nulla ha potere su di me, all'infuori di ciò cui io lo conferisco mediante i miei pensieri coscienti.

A.Robbins

Visualizzazione

Per cercare di "stare meglio" esiste la tecnica della **visualizzazione**, o **visualizzazione creativa**.

E' possibile far mutare i nostri stati d'animo e, per fare ciò, occorre, come prima cosa, iniziare a comprendere come si "strutturano" le proprie rappresentazioni interne.

Attraverso la vista, l'udito, il tatto, il gusto e l'olfatto, ognuno di noi "sperimenta" ciò che percepiamo come realtà attraverso queste "sensazioni" generate dai nostri stessi sensi. E chiunque ottiene un determinato risultato, l'ha ottenuto perché è stato creato mediante "azioni fisiche e mentali specifiche".

Cerco di spiegarmi meglio*: ad esempio, a tal fine, un esercizio, che si può fare per allontanare l'ansia per un problema che ci affigge, è immaginare il problema o la seccatura in genere, che ci tormenta, riducendo pian piano questa "immagine del problema" nel proprio "cervello", rendendola "piccola"!*

Ridurre le dimensioni di questa scenetta mentale (che richiama alla mente il problema), induce a "spogliarlo della sua forza e del suo potere" nella nostra mente!

Compiendo questo esercizio, ci si predispone meglio ad affrontare il problema stesso e quella situazione che l'ha generato, semplicemente rendendoci favorevoli a compiere l'azione più appropriata per risolverlo e semplificandone gli elementi che caratterizzano la situazione negativa.

Inoltre, è possibile sperimentare la sensazione di vedere le cose come le vogliamo.

Eccone di seguito una modalità:

Visualizzare due immagini una che ritrae la vostra esperienza improduttiva/negativa e l'altra invece che ritrae la situazione che vorreste.

Fate diventare grande l'immagine della scena che volete cambiare.

Visualizzate ancora un piccolo riquadro scuro di "come vorreste essere" (in basso a destra) ...lasciate che questo si ingrandisca e invada l'immagine della scena precedente (che ritrae il comportamento che volete cambiare o il vostro ricordo negativo o la vostra esperienza improduttiva/negativa) e proprio in questo momento pronunciate ad alta voce la parola "via!".

Questo esercizio è utile e va ripetuto molte volte, finché non si riesce a raggiungere una certa velocità nel modificare l'immagine iniziale negativa in quella che invece richiama un comportamento positivo per noi stessi.

La maniera per cambiare situazioni negative non consiste nello sguazzare nei brutti ricordi ma nel mutare le "submodalità", la struttura stessa dei ricordi.

Quindi occorrerebbe collegare ciò che vi faceva sentire a disagio a nuove rappresentazioni che vi rendono pronti ad affrontare le sfide dell'esistenza con forza, umorismo, pazienza ed energia.

Unlimited power_1986 by Robbins Research Institute_Simon & Schuster[20]

---

[20] Tratto liberamente da Unlimited power_1986 by Robbins Research Institute_Simon & Schuster.

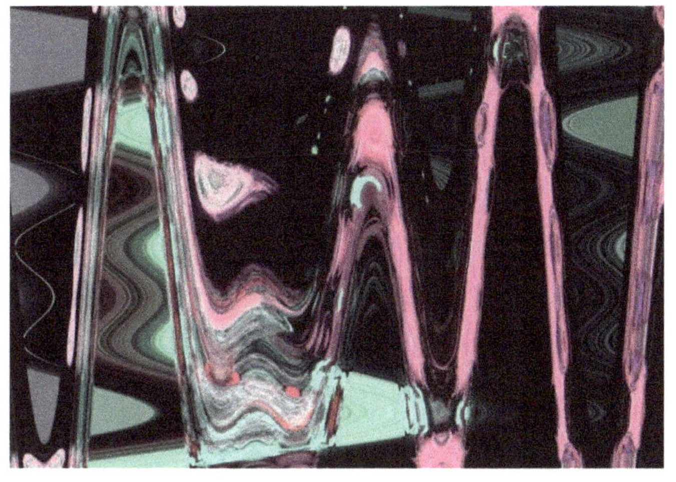

La visualizzazione è un processo di formazione di immagini mentali.

La visualizzazione magica consiste nel "vedere" le immagini dell'obiettivo prefissato durante il rito magico. Si tratta di una funzione della mente cosciente (parte razionale, analitica e materiale della nostra coscienza; la mente psichica invece è il nostro inconscio che riceve impulsi psichici: essa lavora quando dormiamo, sogniamo, meditiamo)

Scott Cunningham

Immaginare un simbolo o un oggetto, visualizzando lo stesso in tutte le sue eventuali sfaccettature e/o particolarità. Tenere l'immagine prima ad occhi chiusi per pochi minuti e poi mantenendo la stessa ad occhi aperti: questa è la visualizzazione.

Repetita iuvant:

Lo scienziato Bohm e il neurofisiologo Pribram hanno teorizzato il modello olonomico del cervello, secondo cui, attraverso la ricerca sulle funzioni cerebrali, i ricordi sono negli impulsi nervosi, ovverosia nell'energia psichica, e non nei neuroni. Quindi tutto risiederebbe nella nostra energia, nella nostra essenza ovverosia nella nostra coscienza

....

Addirittura il nostro organismo riuscirebbe a cambiare per guarire in caso di malattie anche gravi, perché con la coscienza si riuscirebbe a modificare in qualche modo il proprio ologramma corporeo.

In questo la "visualizzazione" comporterebbe risultati efficaci, perché creare immagini mentali con il pensiero è, nel mondo olografico, attraverso il suo olomovimento, creare immagini nella realtà.

Ciò che esiste è solo la coscienza, la nostra essenza. Ed è questa che crea la fisicità di ciò che siamo e di ciò che ci circonda.

Cfr: "Pensiero e Magia"

In sintesi la psiche, la coscienza e la volontà emozionale potrebbero riuscire in qualche modo a generare fisicamente anche un processo di guarigione.

Magia

Magia è un movimento di energie naturali atte a manifestare cambiamenti necessari.

Con magia si intende il "processo" che permette di "risvegliare" l'energia, darle un obiettivo (attraverso la visualizzazione) e rilasciarla per realizzare un cambiamento. Si tratta di una pratica naturale.

In questo contesto "energia" è un termine generico per indicare il potere incommensurabile di tutti gli esseri viventi organici ed inorganici; mentre "il potere personale" è l'energia che sostiene il nostro corpo. Ne assorbiamo dal ventre materno, poi dal cibo e dell'acqua, dal Sole, dalla Luna e da altri oggetti naturali.

Rilasciamo potere personale nei momenti di stress, di fatica fisica e non solo. La magia è un movimento di potere personale per raggiungere un obiettivo prefissato.

La magia è trasformazione. La trasformazione è magia. Ogni magia è un cambiamento.

Ogni cambiamento è magico.

Perché la magia funzioni occorrono tre cose indispensabili:

- l'esigenza

- la partecipazione emotiva

- la conoscenza

(che è il "mezzo" della magia; è la tecnica che si usa per suscitare energie da se stessi o dagli oggetti della natura, come le pietre, le erbe ecc., ed indirizzarla verso esigenze magiche.

La conoscenza include anche la visualizzazione, i fondamenti rituali, la concentrazione e la realtà del potere dell'energia).

Quando l'esigenza, l'emozione e la conoscenza sono presenti allora si è pronti per cominciare a praticare magia.

Tratto liberamente dagli scritti di Scott Cunningham

Attenzione a praticare l'Arte magica senza l'adeguata conoscenza. Il percorso spirituale, intellettuale, volitivo ed emozionale richiede pratica e molto studio.

Mai improvvisare se non si è certi di cosa si sta facendo.

I sigilli sono monogrammi di pensiero per il governo dell'energia... un mezzo matematico simboleggiante un desiderio che dandogli forma ha la virtù di eludere ogni pensiero e associazione a quel particolare desiderio (nel momento magico), sfuggendo all'identificazione dell'Ego, così che tale desiderio non sia frenato o legato alle proprie immagini transitorie, ricordi e preoccupazioni, ma gli permetta di passare liberamente nel sub cosciente.

A.O.Spare,

Il libro del piacere

Cenni sul Grounding: la messa a terra

Il termine **grounding** significa "stare a terra" e con esso si suole indicare l'attività di collegarsi con la Terra, ad esempio semplicemente camminando a piedi nudi sull'erba o sul terreno.

Il grounding è un concetto caro alla **bioenergetica**[21]. Esso permette di trarre

---

[21] Bioenergètica (da Vocabolario Treccani):

1. In biologia, studio delle trasformazioni di energia negli organismi viventi, a partire dalla sintesi di composti organici operata dalle cellule vegetali utilizzando l'energia luminosa del Sole, che viene così trasformata in energia chimica, disponibile per tutti gli organismi viventi.

benefici per il corpo e per la mente, lasciando semplicemente che la Terra riequilibri la nostra energia.

Questa tecnica consente di mantenerci in contatto con noi stessi e ciò che ci circonda. E' usata anche in magia naturale.

E' sufficiente, ad esempio, appoggiare la schiena ad un tronco di un albero, che ispira, stando seduti, rilassandosi e

---

2. In ecologia, lo studio degli scambî e dei flussi di energia all'interno di un ecosistema e fra ecosistemi diversi; anche, la determinazione del bilancio energetico degli ecosistemi.

3. Teoria, e terapia psicologica, che si propone di interpretare e curare i disturbi della personalità partendo dallo studio delle connessioni e degli equilibrî energetico-funzionali tra mente e corpo.

ascoltando il proprio respiro. Poi occorre fare un respiro profondo, visualizzando che l'energia dell'albero ci nutra. Tenere diritta la schiena, sempre lasciandola appoggiata al tronco dell'albero scelto, e visualizzare che dalla colonna vertebrale, dalla sua base, partano radici d'energia, esattamente come le radici dell'albero, che affondano nel terreno. Più si scende, più la terra è umida e maggiore energia nutritiva assorbe il nostro organismo da essa: nuova energia, che purifica e rivitalizza, rimuovendo le energie in eccesso e ricaricandoci di nuova linfa.

Proprio per questi due ultimi punti, in genere, la tecnica di grounding è alternativamente usata.

Inoltre lasciare che dal capo si sprigionino rami d'energie e foglie, sempre in sintonia con l'albero ed i suoi rami e foglie, e sentire il calore che penetra e nutre le foglie, così da assimilarne le energie del Sole e dell'aria, che le accarezza con il suo vento. Avvertire le energie che circolano e si muovono dalle radici alle foglie.

Una volta che si è terminato, ritrarre con la visualizzazione le radici e così le foglie ed i rami. Ristabilire il contatto con la terra ed aprire gli occhi dopo aver respirato lentamente.

Ringraziare l'albero prima di andar via, per aver condiviso la sua energia con voi e per aver creato il contatto con la terra.

Oppure sdraiarsi a terra, meglio in un campo d'erba o su una zona di terreno fresco, e sentire il contatto del corpo con esso. Vanno percepiti i punti di contatto e occorre capirne le sensazioni, per poi successivamente percepire la forza di gravità, che ci lega alla Terra.

Risulta utile ad esempio dondolare a destra e a sinistra ed in questo caso, occorre sentire e percepire l'appoggio a terra prima su un piede e poi sull'altro o semplicemente, percependo la terra e la sua solidità sotto ai nostri piedi. Poi alzare le braccia al cielo, piano, piano respirando come a prendere l'energie dell'aria e toccare il cielo. Rimettere le braccia accanto al corpo e scendere curvando la testa, il collo e, pian piano, la schiena con le braccia penzoloni fino a toccare in terra o i propri piedi. Successivamente flettere le ginocchia e stenderle senza muover le mani dall'appoggio. Mettere le mani dietro la nuca e lentamente tornare nella posizione eretta, curvando un po' la schiena all'indietro una volta che si è dritti. Infine tendersi in avanti con le braccia allungate, come da accogliere ciò che abbiamo davanti e le energie dell'esterno di ciò che ci circonda.

Esistono specifici esercizi di bioenergetica da poter, se si vuole, approfondire con libri appositi[22].

Utile è anche rimbalzare su e giù un po', per aiutare, scuotendosi, a liberarsi dell'energia in eccesso.

---

[22] v. bibliografia

*Per percepire il terreno gambe e piedi
devono mostrare un movimento
spontaneo e involontario come la
vibrazione....quando gambe e piedi sono
pienamente vitali, la persona può sentire
una corrente di eccitazione che li
percorre, li scalda e li fa vibrare.*

A. Lowen[23], "Arrendersi al corpo"

---

[23] Alexander Lowen (New York, 23 dicembre 1910 –
New Canaan, 28 ottobre 2008), psicoterapeuta e
psichiatra statunitense.

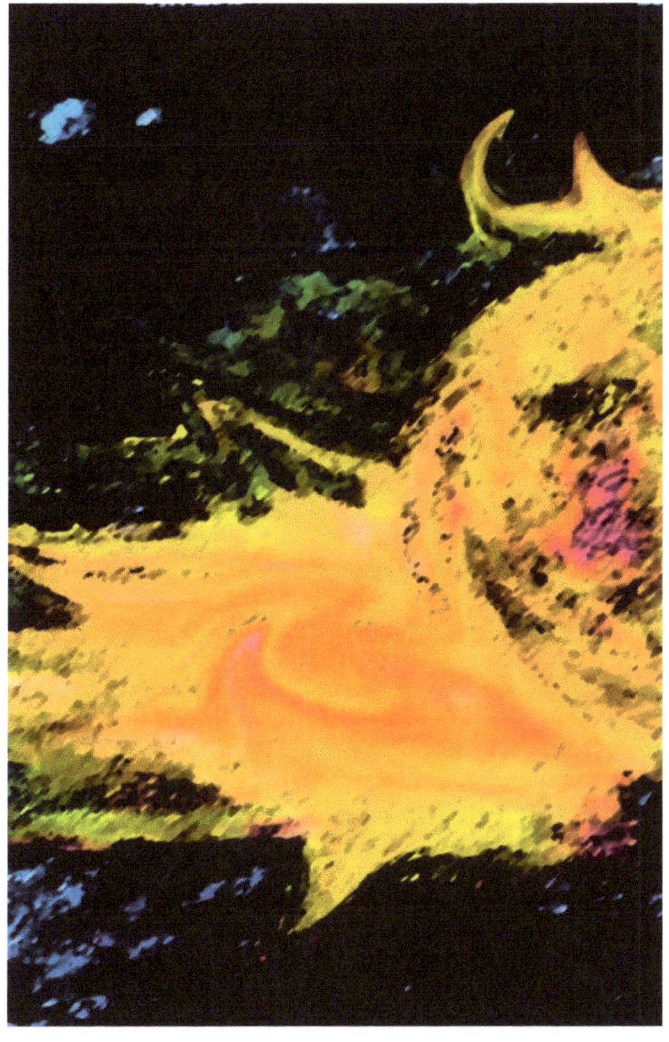

Una pratica di grounding potrebbe essere anche semplicemente tenere le mani nel terreno di un vaso che tenete in balcone, visualizzando che l'energia in eccesso si trasferisca nel terreno.

La propria casa è il proprio corpo. Non essere connessi in modo sensibile con il proprio corpo vuol dire essere uno spirito disconnesso che fluttua attraverso la vita senza alcun senso di appartenenza. Tutti i pazienti con cui ho lavorato sentono, in misura maggiore o minore, questa separazione e solitudine, ed è un modo di essere tragico. L'obiettivo del mio lavoro terapeutico è aiutare le persone a ritrovare il loro senso di connessione con la vita e con gli altri, e radicarsi è l'unico modo per farlo.

A.Lowen , "Onorare il corpo. La nascita della bioenergetica nell'autobiografia del suo fondatore".

Il progressivo sviluppo dell'uomo dipende dalle invenzioni. Esse sono il risultato più importante delle facoltà creative del cervello umano. Lo scopo ultimo di queste facoltà è il dominio completo della mente sul mondo materiale, il conseguimento della possibilità di incanalare le forze della natura così da soddisfare le esigenze umane.

Nikola Tesla

Riflessioni e pensieri

Segnali...sono percezioni che cogliamo e che dipendono da mille e più sfumature di pensiero cosciente, che rivela a noi stessi qualcosa di emozionale....

Credo che l'intuito e l'intuizione creativa nonché il nostro istinto, possano guidare nella scelta di come essere ed in che modo vogliamo esistere, semplicemente perché ognuno di noi possa vivere la propria vita, che è per definizione stessa "magica".

Credo che la conoscenza, lo studio di ogni materia sia utile per accrescere la nostra percezione, spesso assopita dai mille "rumori" che la nostra vita quotidiana e la nostra società ci "somministra".

Credo che vivere una vita piena di magia è restare in contatto con la propria essenza, la propria natura, la propria ed unica energia.

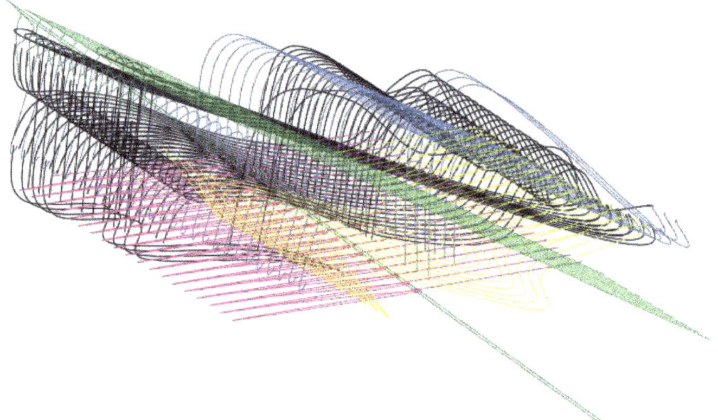

Credo che la magia naturale possa in qualche modo avere una sua naturale evoluzione e spero nella sua massima divulgazione spirituale.

Ogni mio pensiero, ogni mia azione e percezione lascia che la mia "essenza" sia ricettiva ed aperta, perché possa vivere al meglio con la Natura, che c'è dentro e fuori di me, per sentirne il suo richiamo, la sua voce che si ode attraverso il vento, i suoi avvertimenti e le sue incommensurabili energie.

Amo le erbe, gli alberi, il mare e tutto ciò che appartiene alla Natura.

La mia magia è lo strumento che mi tiene più in contatto con me.

L'uomo potrebbe modificare la massa di questo pianeta, controllare le stagioni, modificare la sua distanza dal sole,

guidarlo sul suo viaggio eterno lungo ogni percorso che decida di scegliere, attraverso la profondità dell'universo.
Nikola Tesla

Per avvicinarsi alla vera essenza di se stessi occorre necessariamente praticare magia costantemente e con "dedizione" sentita.

Apprendere l'Arte della magia è un percorso spirituale, che si rivela vivo nelle azioni con il pensiero consapevole, la visualizzazione e la volontà emozionale, perché si possano operare cambiamenti necessari e desiderati per migliorare la propria vita ed essere sé in pienezza ed in libertà per esistere e vivere.

Attraverso la **dedizione**, con l'uso e la pratica della magia naturale, "può" emergere in noi stessi la comprensione della propria magia personale.

Le principali **fonti dell'energia magica** sono: l'energia personale, l'energia della Terra e l'energia cosmica e universale, detta anche energia divina[24].

Quando queste energie "viaggiano" all'unisono, allora la magia si compie e si manifesta.

È una sincronia di elementi che determinano la realizzazione di un incanto; **le energie impiegate in un atto magico devono essere in armonia tra loro per creare dei cambiamenti e "muovere"**

------

[24] Cfr.: "La mia magia".

le energie per generare il cambiamento voluto.

Filosofia, matematica, magia alla fine si fondono insieme, secondo il mio parere:

è la conoscenza assoluta a cui tutti gli uomini ambiscono da millenni.

Gli esseri umani possono ottenere conoscenza solo osservando la Natura e fondendosi con essa; nulla è scollegato dall'altro, non esiste in realtà separatezza nell'universo. Per me tutto ed il tutto è un unico organismo cosmico e cosciente, dove siamo immersi anche noi, la nostra Terra, la nostra Luna ed il nostro sistema Solare ecc..

La magia dunque, quella che è in ogni cosa, quella capacità energetica che, attraverso la quantità di moto di ogni oggetto dotato di massa, riesce a modificare le energie, trasformarle e mettere in moto ancora energie capaci di generare un cambiamento necessario, è parte di ciò che la scienza non ha definito.

La fisica (la scienza della Natura) rileva e svela ciò che fino a questo momento ha accertato in pratica tramite esperimenti e la scienza evolve i suoi punti di vista.

La scienza è una fonte d'ispirazione per la mia magia.

Il Sole, la Luna sono per la mia energia vitale ed esistenziale fonti energetiche fisiche della natura.

Infine io credo che siamo coscienza infinita e che la coscienza porta al pensiero e a far sì che vediamo ciò che pensiamo che sia realtà.

La volontà e le emozioni sono anch'esse cardini della mia magia.

La magia si manifesta quando tutte le condizioni (energie) fuori e dentro di noi si amalgamano all'unisono, una sincronia perfetta di energie, una sorta di raggiungimento di un punto d'armonia, una sorta di condizione di equilibrio fisico sia delle energie degli elementi, usati nella pratica magica, e sia delle energie nostre interne del nostro spirito, pensiero, coscienza, cuore; e sono quelle le energie che "muovono" il cambiamento desiderato e voluto (ciò che tutti o quasi chiamano il risultato dell'incantesimo).

Un magico cancello aperto (di Renzo Rocca e Giorgio Stendoro)

"...entro in un giardino...è notte di estate...non vedo nessuno...un buon profumo di fiori si espande intorno a me...sono illuminata dalla luna...questa luminosità mi protegge...non posso dubitare quale è il messaggio che mi darà se mi apro a questa intensa emozione...ad essere quella che volevo anche se dovrò allontanarmi dalla mia famiglia...stando così le cose....sento che do ossigeno ai miei desideri...aspirazioni...e alle mie parti nascoste...sono leggera...sto scoprendo nuove qualità in me stessa...l'incontro con forze che scorrendo dentro la storia...del mio corpo...riescono a sciogliere la pesantezza delle mie

emozioni negative...appare chiaro...questa esperienza è in grado di aiutarmi nella mia sofferenza...voglio essere me stessa...riconquistare la mia autonomia per vedere, toccare, odorare, le cose belle...niente mi impedisce di tornare a vivere da sola...con sicurezza..."

Renzo Rocca e Giorgio Stendoro, "Imparare a guarire stress, depressione, attacchi di panico."

Riprendere ad amarsi ed amare ciò che si è, semplicemente per quello che si è, è la più alta forma di comprensione di esistere.

Conclusioni

E forse un giorno gioverà ricordare tutto questo!

Eleonora Pimentel Fonseca

Bibliografia e letture consigliate

Notizie, fonti:

Treccani, l''Enciclopedia Italiana – treccani.it,

Wikipedia, l'enciclopedia libera – wikipedia.org,

e riferimenti in note (cfr.).

Libri:

Austin Osman Spare, Il libro del Piacere (self-love)
La Psicologia dell'Estasi (All'Insegna di Ishtar, 1993)

Alexander Lowen, Arrendersi al corpo. Il processo dell'analisi bioenergetica   (Astrolabio-Ubaldini, 1994)

David Bohm, Universo, mente, materia (Red Edizioni, 1996)

Ed Fitch, Il libro segreto delle arti magiche (Sperling & Kupfer Libreria - Hera, 1998)

Brian Greene, L'universo elegante (2000, Einaudi)

Scott Cunningham, Wicca (Armenia, 2001)

David Bohm, The Essential (Lee Nichol. 2002) preface by the Dalai Lama

Renzo Rocca, Giorgio Stendoro, Imparare a guarire stress depressione attacchi di panico (Armando Editore, 2003)

Scott Cunningham e David Harrington, Gli strumenti magici (Armenia, 1995) ripubblicato nel 2003 col titolo Gli strumenti del mago

Anthony Robbins, Unlimited Power, (Simon & Schuster Paperbacks, 2003)

Scott Cunningham, Magia naturale (Armenia, 2004)

Alexander Lowen, Bioenergetica (Feltrinelli, 2004)

Phyllis Curott, L'arte della magia (Sonzogno, 2004)

Scott Cunningham, La magia degli elementi: acqua, terra, aria, fuoco (Armenia, 2005)

Massimo Teodorani, Bohm la fisica dell'infinito (Macro Edizioni I, 2006)

Omraam Mikhael Aivanhov, Il Libro della Magia Divina (collezione Izvor – Prosveta Edizioni, 2009)

Scott Cunningham, Il libro delle ombre (Venexia, 2010)

Clinton Ober, Stephen T. Sinatra, Martin Zucker, Earthing a piedi nudi. Curarsi con l'energia della terra. La più importante scoperta di tutti i tempi sulla salute?, traduzione C. Benatti (Macro Edizioni, 2012)

Alexander Lowen, Onorare il corpo. La nascita della bioenergetica nell'autobiografia del suo fondatore, Curatore Enrico Cheli (Xenia, 2011)

Daniela Damiano, La mia magia (Youcanprint, 2015)

Daniela Damiano, I miei incantesimi (2015, Youcanprint)

Daniela Damiano, Pensiero e magia (2015, Youcanprint)

Stefano Oliva, Reality. La realtà tra filosofia e scienze, Curatore Matteo Santarelli – Collaboratori Margaret Archer, Jocelyn Benoist , Santino Cundari, Kit Fine, Stefano Oliva, Emanuele Rossanese (EditoregoWare, 2015)

Note biografiche

dell'autrice

Damiano, Daniela si è laureata in matematica alla facoltà di Scienze naturali, fisiche e matematiche dell'Università Federico II di Napoli.

Si è recata per lavoro a Milano, dove ha lavorato in ambito organizzativo per un istituto bancario ed è lì che ha vissuto per sedici anni.

Tornata alla sua terra d'origine, interessata all'arte della magia naturale, scrive i primi suoi tre saggi ("La mia magia", "I miei incantesimi", "Pensiero e magia"). E' autrice del presente testo.

Tra le righe di questi testi traspare la sua personale visione dell'arte magica, della percezione di sé, della necessità che ogni essere vivente deve essere per esistere in piena libertà di pensiero ed opere personali.

Note sulle immagini del testo

Le immagini inserite nel testo e in copertina sono bozzetti dell'autrice.

Indice

Titolo | Fantasie e riflessioni: noi esseri dell'universo
Autore | Daniela Damiano

ISBN | 978-88-93069-62-5

Youcanprint Self-Publishing
Via Roma, 73 - 73039 Tricase (LE) - Italy
www.youcanprint.it
info@youcanprint.it
Facebook: facebook.com/youcanprint.it
Twitter: twitter.com/youcanprintit

Finito di stampare nel mese di Settembre 2015
per conto di Youcanprint *Self-Publishing*

www.ingramcontent.com/pod-product-compliance
Lightning Source LLC
LaVergne TN
LVHW051109180726
843512LV00011B/768
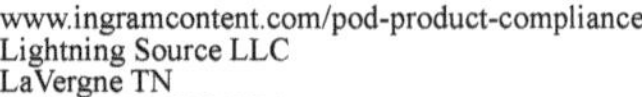